ΔΙΑΧΕΙΡΙΣΗ ΕΡΓΟΥ

Οδηγήστε την ομάδα σας στην επιτυχία σε κάθε έργο

ΔΙΑΧΕΙΡΙΣΗ ΕΡΓΟΥ

Οδηγήστε την ομάδα σας στην επιτυχία σε κάθε έργο

γραμμένο από Nicolas Zinque
μεταφρασμένο από Lina Sideris

ΔΙΑΧΕΙΡΙΣΗ ΕΡΓΟΥ

- **Προβλήματα ?** Πώς να προετοιμάσετε το έργο σας και να το ολοκληρώσετε με επιτυχία;

- **Γιατί είναι χρήσιμο;** Η επιτυχής εκτέλεση προσωπικών και επαγγελματικών έργων απαιτεί μεγάλη αυστηρότητα, αλλά κυρίως προετοιμασία με την τήρηση ακριβών κανόνων.

- **Επαγγελματικό πλαίσιο ?** Διαχείριση έργων, διοίκηση, επαγγελματική ανάπτυξη κ.λπ.

- **ΣΥΧΝΕΣ ΕΡΩΤΗΣΕΙΣ ?**

  - Ο διαχειριστής του έργου εξακολουθεί να έχει τις ίδιες αρμοδιότητες;

  - Πόσο χρόνο πρέπει να αφιερώσω στις φάσεις προετοιμασίας, υλοποίησης και κλεισίματος;

  - Τι γίνεται αν οι οικονομικές απαιτήσεις ή οι προθεσμίες είναι πολύ περιοριστικές;

  - Είναι δυνατή η ταυτόχρονη διαχείριση πολλών έργων;

  - Τι γίνεται αν αντικαταστήσω έναν διαχειριστή έργου σε σύντομο χρονικό διάστημα;

  - Πώς να αναθέσετε εργασία;

Ίσως το θέλατε ή το φοβόσασταν: σε κάθε περίπτωση, το ραντεβού σας ως διαχειριστής έργου μόλις κλείστηκε! Πρώτα απ' όλα, συγχαρητήρια, οι ικανότητές σας επιτέλους αναγνωρίστηκαν. Τώρα πρέπει να αποδείξετε ότι αυτή η εμπιστοσύνη αξίζει.

Όμως η διαχείριση έργων δεν περιορίζεται σε έναν τίτλο. Όλοι μας ερχόμαστε τακτικά αντιμέτωποι με αυτή την άσκηση, είτε στην ιδιωτική μας ζωή είτε στην εργασία μας: οργανώνοντας διακοπές, ανασχεδιάζοντας τον κήπο ή σχεδιάζοντας το γεύμα των διακοπών. Κατά τη διάρκεια της καριέρας σας, πιθανότατα έχετε ήδη συμμετάσχει σε έργα και θα περιμένατε να είστε σε θέση να αξιοποιήσετε αυτή την εμπειρία.

Ωστόσο, το να είσαι ένας αποτελεσματικός διαχειριστής έργων σε μια εταιρεία ή για λογαριασμό σου δεν είναι καθόλου απλό: πρόκειται για μια πρόκληση που, αν και συναρπαστική και ικανοποιητική, είναι επίσης πολύ απαιτητική. Ως ηγέτης, θα είστε υπεύθυνος για τον προγραμματισμό, τη διασφάλιση της τήρησης των προθεσμιών και των προϋπολογισμών και την καθοδήγηση των ανθρώπων. Θα πρέπει να λογοδοτήσετε στους πελάτες και τους πελάτες σας για την πρόοδο του έργου, ανεξάρτητα από το αποτέλεσμα... Γι' αυτό είναι καλύτερο το αποτέλεσμα να είναι θετικό.

Αυτός ο οδηγός απευθύνεται σε όλους τους επίδοξους διαχειριστές έργων, καθώς και σε όσους επιθυμούν να βελτιώσουν τις δεξιότητές τους στη διαχείριση έργων. Μπορεί επίσης να είναι χρήσιμη για τα διάφορα άτομα που συμμετέχουν στην υλοποίηση ενός έργου: αν η ευθύνη ανήκει στον υπεύθυνο του έργου, ο θρίαμβός του είναι ο θρίαμβος ολόκληρης της ομάδας. Έτσι, υιοθετήστε τα σωστά αντανακλαστικά τώρα!

ΤΑ ΒΑΣΙΚΑ ΣΤΟΙΧΕΙΑ ΤΗΣ ΠΡΟΓΡΑΜΜΑΤΙΣΜΕΝΗΣ ΔΙΑΧΕΙΡΙΣΗΣ ΕΡΓΩΝ

ΟΙ ΒΑΣΙΚΕΣ ΑΡΧΕΣ

Τι είναι ένα έργο;

Η απάντηση μπορεί να φαίνεται προφανής... και όμως! Ένα έργο είναι ένα σύνολο δραστηριοτήτων (ή εργασιών) που εκτελούνται για την επίτευξη των καθορισμένων στόχων, εντός του καθορισμένου χρονοδιαγράμματος, με τη χρήση καθορισμένων ανθρώπινων, υλικών και οικονομικών πόρων. Ο ορισμός αυτός αναδεικνύει έτσι τα βασικά στοιχεία ενός έργου:

- έναν ή περισσότερους ακριβείς και συγκεκριμένους στόχους που πρέπει να επιτευχθούν,

- ένα χρονοδιάγραμμα που πρέπει να τηρηθεί ,

- πόρους που περιλαμβάνουν προϋπολογισμό, ομάδα και τεχνικά μέσα.

Τονίζει επίσης την εφήμερη πλευρά της, διότι, παρόλο που μπορεί να διαρκέσει αρκετούς μήνες ή και χρόνια, έχει πάντα μια συγκεκριμένη και περιορισμένη διάρκεια.

Τι είναι η διαχείριση έργων;

Τα έργα δεν έχουν ποτέ μελετηθεί και αναλυθεί τόσο πολύ όσο τα τελευταία χρόνια. Πράγματι, στην κοινωνία μας, όπου οι εταιρείες βρίσκονται σε συνεχή ανταγωνισμό, η διαχείριση έργων πρέπει να είναι όσο το δυνατόν πιο ακριβής για να καταστεί ηγέτης της αγοράς. Πρόκειται σχεδόν για μια επιστημονική προσέγγιση, η οποία αντιστοιχεί σε ένα σύνολο εργαλείων και μεθόδων με στόχο τη βελτίωση της ποιότητας του έργου σας, τη βελτιστοποίηση της υλοποίησής του και τις πιθανότητες επιτυχίας του. Συγκεκριμένα, η διαχείριση έργων σας επιτρέπει να :

- να σχεδιάσει και να ολοκληρώσει το έργο,

- να αυξήσετε την απόδοσή σας με το να είστε πιο αποτελεσματικοί στην οργάνωσή σας και στη διαχείριση των καθηκόντων σας,

- να αξιολογεί, να προβλέπει και κυρίως να ξεπερνά τις δυσκολίες και τους κινδύνους που ενδέχεται να προκύψουν,

- να προσαρμόζεται σε αλλαγές και απρόβλεπτα γεγονότα,

- να διαχειριστεί μια ομάδα.

Ο ρόλος του διαχειριστή έργου

Ο ηγέτης είναι ταυτόχρονα η καρδιά και το κεφάλι του έργου. Δεν είναι μόνο ο αρχιτέκτονας που συντάσσει τα σχέδια, αλλά και ο εργοταξιάρχης που διευθύνει τις εργασίες σε καθημερινή βάση και καθοδηγεί την ομάδα του. Δεν αρκεί να δίνει εντολές, αλλά πρέπει να μεταδίδει τη φλόγα, ώστε η ομάδα με τη σειρά της να αναλάβει την ιδιοκτησία του έργου. Τα καθήκοντά του είναι:

- για την ολοκλήρωση του στόχου σύμφωνα με τις προδια-γραφές,

- εκπαίδευση και διαχείριση της ομάδας ,

- Εξασφαλίστε την καθημερινή παρακολούθηση του έργου και προσαρμόστε τα αρχικά σχέδια, εάν είναι απαραίτητο,

- διαχειριστείτε το απροσδόκητο.

Για την εκτέλεση αυτών των καθηκόντων, ορισμένες ιδιότητες είναι απαραίτητες:

- ανάληψη ευθύνης ,

- να έχουν την αίσθηση της πρωτοβουλίας και την ικανότητα να λαμβάνουν δύσκολες αποφάσεις,

- να ξέρεις πώς να περιβάλλεις τον εαυτό σου με τους σωστούς ανθρώπους,

- να διαχειρίζεστε και να παρακινείτε την ομάδα σας,

- να είστε καλός επικοινωνιολόγος,

- να είναι σε θέση να διαχειρίζονται αγχωτικές καταστάσεις,

- να είναι σε θέση να προβλέψει.

Αν δεν είστε γεννημένος ηγέτης, μπορείτε να μάθετε αυτές τις δεξιότητες στη δουλειά:

> *"Όταν ξεκίνησα την καριέρα μου πριν από 20 χρόνια, δεν ήμουν σε θέση να λειτουργήσω ως ηγέτης και δεν μπορούσα να μεταδώσω το πάθος μου. Ακόμη χειρότερα, οι υφιστάμενοι*

μου δεν με άκουγαν. Μια μέρα, ένας φίλος μου, προπονητής ποδοσφαίρου, μου ζήτησε να τον συνοδεύσω στα αποδυτήρια κατά τη διάρκεια ενός αγώνα για να δω πώς καθοδηγούσε τους παίκτες του. Δεν το μετάνιωσα! Ακολουθώντας το παράδειγμά του, έμαθα να διεκδικώ τον εαυτό μου, να επιλέγω τα λόγια μου, να υψώνω τη φωνή μου όταν χρειάζεται ή, αντίθετα, να είμαι διαλλακτικός" (Boris, IT project manager)

Οι τρεις φάσεις της διαχείρισης έργων

Η καλή διαχείριση έργων βασίζεται σε τρία βήματα:

- **η φάση προετοιμασίας** κατά την οποία σχεδιάζετε την πορεία του έργου σας,

- **Η φάση της υλοποίησης** είναι όταν θέτετε το σχέδιό σας σε εφαρμογή,

- **η φάση κλεισίματος**, η οποία σας επιτρέπει να κάνετε απολογισμό του έργου σας μόλις αυτό ολοκληρωθεί.

Δεν είναι σκόπιμο να ξεκινήσετε ένα έργο χωρίς την κατάλληλη προετοιμασία. Μπορεί να φαίνεται προφανές, αλλά δεν είναι ασυνήθιστο για τους ανθρώπους να πέφτουν με τα μούτρα στη δουλειά, νομίζοντας ότι έτσι θα εξοικονομήσουν χρόνο. Ωστόσο, μην ξεγελιέστε από αυτή την προκατασκευασμένη αντίληψη, διότι ενώ μπορεί να χάσετε λίγο χρόνο κατά την ανάπτυξη του έργου σας, θα κερδίσετε περισσότερα μακροπρόθεσμα.

Η ΠΡΟΕΤΟΙΜΑΣΙΑ

Η φάση της προετοιμασίας συχνά παραβλέπεται ή διακόπτεται. Ωστόσο, αυτό είναι ένα μοιραίο λάθος που θα σας οδηγήσει κατευθείαν στον τοίχο. Πράγματι, αυτό το στάδιο είναι κρίσιμο, καθώς σας επιτρέπει να :

- να καθορίσετε τον στόχο του έργου, σύμφωνα με τις ανάγκες της εταιρείας,

- για τη θέσπιση του σχεδιασμού ,

- για τη δημιουργία της δομής και της οργάνωσης του έργου,

- να καθορίσετε τον προϋπολογισμό και τον χρόνο παράδοσης,

- προσδιορίστε όλους τους σχετικούς φορείς και εκπαιδεύστε την ομάδα.

Καθορισμός της ανάγκης για το έργο και του στόχου του

Όποια και αν είναι η κατάσταση, είτε είστε ο εμπνευστής του έργου είτε όχι, το πρώτο ερώτημα που πρέπει να θέσετε είναι: "Ποια ανάγκη (εντός της εταιρείας) καλύπτει το έργο;". Η ποιότητα του έργου καθορίζεται από την ικανότητά του να ανταποκρίνεται σε αυτή την ανάγκη.

👁 ΣΥΜΒΟΥΛΙΟ

Το έργο σας μπορεί να είναι ανταγωνιστικό με άλλα που εκτελούνται στο εσωτερικό της επιχείρησης και μπορεί να χρειαστεί να μοιραστείτε πόρους. Ως εκ τούτου, το έργο προτεραιότητας θα είναι αυτό που ανταποκρίνεται καλύτερα στις ανάγκες της εταιρείας. Γι' αυτό είναι σημαντικό να είστε ξεκάθαροι σχετικά με τον λόγο για τον οποίο το κάνετε αυτό.

Η ανάγκη της εταιρείας καθορίζει επομένως τον στόχο του έργου. Για παράδειγμα, εάν η εταιρεία θέλει να εισέλθει στην αγορά των smartphones, το σχέδιο θα μπορούσε να είναι η παραγωγή ενός μοντέλου με κόστος παραγωγής μεταξύ 90 και 100 ευρώ και με συγκεκριμένες τεχνολογίες. Ένα έργο δεν χρειάζεται απαραίτητα να είναι προϊόν, μπορεί επίσης να έχει τη μορφή υπηρεσίας (διοργάνωση μιας έκθεσης, βελτίωση της εξυπηρέτησης μετά την πώληση κ.λπ.). Ένας καλός στόχος πληροί τρία κριτήρια:

- είναι ακριβής,

- είναι εφικτό,

- είναι μετρήσιμη (πρέπει να είναι δυνατή η επικύρωσή της μέσω αξιολόγησης).

 ## ΣΥΜΒΟΥΛΙΟ

Εάν, μετά από ανάλυση, συνειδητοποιήσετε ότι το έργο σας δεν ανταποκρίνεται επαρκώς – ή καθόλου – σε μια επιχειρηματική ανάγκη, είναι επιτακτική ανάγκη να διορθώσετε την κατάσταση από την αρχή. Μερικές φορές είναι προτιμότερο να το ακυρώσετε παρά να ρισκάρετε ένα φιάσκο.

Κατάρτιση των προδιαγραφών

Η διαχείριση του έργου ανατίθεται επισήμως σε εσάς με εντολή ανάθεσης. Για να επισημοποιηθεί αυτή η ανάγκη και να διασφαλιστεί η κατανόησή της από όλους τους εμπλεκόμενους στο έργο, είναι απαραίτητο να καταρτιστούν προδιαγραφές. Αυτές οι προδιαγραφές, τις οποίες θα καταρτίσετε σε διάλογο με τα ενδιαφερόμενα μέρη (τον πελάτη και τη διοίκησή σας), καθορίζουν τις προδιαγραφές του έργου:

- τον στόχο και την περιγραφή των αναμενόμενων αποτελεσμάτων,

- πώς θα αξιολογηθούν οι στόχοι αυτοί,

- εκτίμηση του προϋπολογισμού και του χρονοδιαγράμματος,

- περιορισμοί πόρων,

- περιγραφή των μέτρων που ελήφθησαν για την επίτευξη του στόχου.

Συνεπώς, το παρόν έγγραφο περιγράφει το έργο σε γενικές γραμμές και θέτει τα όριά του. Αποτελεί το θεμέλιο του έργου: θα περιγράψετε λεπτομερώς το περιεχόμενό του κατά την προετοιμασία σας. Όλες οι ενέργειες που περιγράφονται παρακάτω έχουν σχεδιαστεί για να το κάνουν πραγματικότητα.

Καταγράψτε και οργανώστε τις εργασίες που πρέπει να γίνουν

Αφού επικυρωθούν οι προδιαγραφές και η εντολή αποστολής από τον πελάτη και την εταιρεία σας, η πρώτη σας ενέργεια είναι να καταγράψετε όλες τις εργασίες που απαιτούνται για την εκτέλεση του έργου. Το στάδιο αυτό σας επιτρέπει, μεταξύ άλλων, να αξιολογήσετε τις προθεσμίες και να καθορίσετε τα προφίλ που θα χρειαστείτε στην ομάδα σας. Ο στόχος εδώ είναι να περιγράψετε το έργο σας όσο το δυνατόν λεπτομερέστερα, να το αναλύσετε σε "παραδοτέα".

 ## ΤΟ ΗΞΕΡΕΣ ΑΥΤΟ;

Ένα παραδοτέο είναι ένα μετρήσιμο ενδιάμεσο αποτέλεσμα (προϊόν, έγγραφο κ.λπ.) που σηματοδοτεί την ολοκλήρωση ενός μέρους του έργου – ή ακόμη και του ίδιου του έργου στην περίπτωση του τελικού παραδοτέου. Για παράδειγμα, οι προδιαγραφές, οι μακέτες ή οι εκθέσεις προόδου αποτελούν τέτοια αποδεικτικά στοιχεία προόδου.

Για να αναλύσετε το έργο σας, υπάρχουν δύο μέθοδοι:

- **από το γενικό στο ειδικό**. Ξεκινήστε με τον τελικό σας στόχο και αναρωτηθείτε ποια είναι τα κύρια παραδοτέα. Στη συνέχεια, αναλύστε τα με τον ίδιο τρόπο, αναρωτώμενοι ποιοι μεσάζοντες απαιτούνται για την επίτευξή τους, και ούτω καθεξής. Η διαδικασία ολοκληρώνεται όταν δεν μπορείτε πλέον να τα αναλύσετε και να εκτιμήσετε με ακρίβεια τον χρόνο και τους πόρους που απαιτούνται για την επίτευξη κάθε παραδοτέου. Στην περίπτωση ενός μεγάλου έργου, είναι αδύνατο να φτάσουμε στο τέλος αυτής της λογικής. Θα πρέπει να αναθέσετε ορισμένες από αυτές τις εργασίες στην ομάδα σας, η οποία θα είναι σε θέση να αναλύσει καλύτερα ορισμένες εργασίες και να αξιολογήσει τη σκοπιμότητά τους,

- **από ατομική σε γενική. Κάντε** καταιγισμό ιδεών για όλες τις εργασίες που πρέπει να γίνουν, χωρίς να ανησυχείτε για οποιαδήποτε ιεραρχία. Στη συνέχεια, ομαδοποιήστε τα σε σαφείς κατηγορίες.

Και μόνο με την απαρίθμηση των εργασιών, έχετε ήδη αρχίσει να τις κατηγοριοποιείτε και να τις ιεραρχείτε. Η επισημοποίηση αυτής της κατηγοριοποίησης με τη μορφή μιας δομής ανάλυσης εργασιών (WBS) είναι το επόμενο βήμα.

Όταν καταρτίσετε το τελικό οργανόγραμμα, πιθανόν να δώσετε περισσότερες λεπτομέρειες σχετικά με τους πόρους που θα χρειαστείτε (ποιος εξοπλισμός ήχου; ποιος εξοπλισμός εικόνας;). Ενδέχεται επίσης να θέλετε να ορίσετε και άλλες κατηγορίες, όπως ο προϋπολογισμός, οι ώρες κ.λπ. Βεβαιωθείτε ότι όλες οι εργασίες είναι καταχωρημένες. Αυτός ο τρόπος σχεδιασμού και οργάνωσης κάθε σταδίου του έργου ονομάζεται κανόνας του 100%. Προέρχεται από τη Δομή Κατανομής Εργασιών, μια μέθοδο οργάνωσης έργων που αναπτύχθηκε από το Υπουργείο Άμυνας των ΗΠΑ στα τέλη της δεκαετίας του 1950. Με απλά λόγια, ο κανόνας αυτός σημαίνει ότι η ανάλυση και το διάγραμμα ροής θα πρέπει να περιέχουν όλες τις εργασίες που πρέπει να γίνουν, όχι περισσότερες (που θα σήμαινε πλεονασμό ορισμένων εργασιών) και όχι λιγότερες (που θα σήμαινε ότι δεν αναφέρονται όλες οι εργασίες).

Εάν, στο πρώτο μας παράδειγμα, έχουμε ιεραρχήσει το έργο σύμφωνα με τις διάφορες συνιστώσες της διοργάνωσης αυτού του τύπου εκδήλωσης, είναι επίσης δυνατό να ομαδοποιήσετε τις δραστηριότητές σας ανά (εταιρικά) τμήματα, ανά είδος κόστους ή ανά χρονολογικά στάδια του έργου (όπως παρακάτω), ανάλογα με τον τελικό σας στόχο.

👁 ΣΥΜΒΟΥΛΙΟ

Κατασκευάζοντας διάφορα διαγράμματα ροής, θα αναπτύξετε διάφορα οράματα του έργου και έτσι θα έχετε μια πιο σφαιρική αναπαράσταση.

Καθώς το διάγραμμα ροής είναι οπτικό, μπορεί γρήγορα να καταλάβει πολύ χώρο. Γι' αυτό είναι μερικές φορές ευκολότερο να χρησιμοποιήσετε μια απλή γραπτή λίστα. Ωστόσο, μην ξεχνάτε να δίνετε σε κάθε εργασία έναν κωδικό αριθμό για να διευκολύνετε την εύρεσή της.

1. Ασφάλεια

   1.1. Εξουσιοδότηση από την πυροσβεστική υπηρεσία και την αστυνομία

   1.2. Άδεια από την πόλη

   1.3. Παρουσία του Ερυθρού Σταυρού

      1.3.1. Πιθανή υποκατηγορία

      1.3.2. Πιθανή υποκατηγορία

2. Ομάδα & Εθελοντισμός

   2.1. Πρόγραμμα εθελοντών

   2.2. Διακριτικός ρουχισμός για την ομάδα

   κ.λπ.

3. κ.λπ.

Αναλύστε τους πόρους του έργου σας

Καθώς αρχίζετε να σχεδιάζετε το έργο, η αξιολόγηση των πόρων που έχετε στη διάθεσή σας και των περιορισμών που αντιμετωπίζετε είναι ένα θεμελιώδες βήμα. Αφού καταρτίσετε τη δομή ανάλυσης εργασιών, αναρωτηθείτε για κάθε εργασία:

- Ποιο προφίλ και ποιες δεξιότητες χρειάζομαι για να το επιτύχω;

- Τι εξοπλισμό χρειάζομαι;

- Πόσο χρόνο θα πρέπει να αφιερώσω σε αυτό;

Οι ερωτήσεις αυτές θα σας βοηθήσουν να εκτιμήσετε τον αριθμό των ατόμων που απαιτούνται, να βρείτε τα κατάλληλα άτομα και να εκτιμήσετε πόσο καιρό θα ασχοληθούν με το έργο σας και να έχετε μια ιδέα για τον εξοπλισμό που θα χρειαστείτε.

Εντοπισμός και αντιμετώπιση κινδύνων

Ένα έργο ενέχει πάντοτε κινδύνους, οι οποίοι συνδέονται με την πιθανότητα ένα γεγονός ή στοιχείο να παρεμποδίσει την ομαλή διεξαγωγή του. Επομένως, είναι σημαντικό να τις προβλέπετε, ώστε να μπορείτε να αντιδράσετε γρήγορα εάν συμβούν.

Ας πούμε ότι σχεδιάζετε ένα ταξίδι στη θάλασσα, αλλά η πρόγνωση του καιρού προβλέπει 15% πιθανότητα βροχής: έχετε κάποιο σχέδιο Β ή βασίζεστε στα τυχερά σας άστρα; Μπορεί να μην είστε πάντα τυχεροί. Αναρωτηθείτε λοιπόν εκ των προτέρων τι θα μπορούσε να πάει στραβά και, στη συνέχεια, απαριθμήστε τα πιο πιθανά εμπόδια για κάθε εργασία.

Περιγράψτε επίσης τις πιθανές επιπτώσεις αυτών των προβλημάτων στο έργο (απλή καθυστέρηση, υπέρβαση του προϋπολογισμού, πλήρης ακύρωση;) και σχεδιάστε μια εναλλακτική λύση για τα πιο σοβαρά από αυτά.

Πράγματι, καθώς δεν θα είστε σε θέση να προστατευθείτε από όλους τους κινδύνους, είναι σημαντικό να τους ταξινομήσετε ανάλογα με την πιθανότητα εμφάνισής τους και τον βαθμό των επιπτώσεών τους στο έργο σας. Εξετάστε το ενδεχόμενο να εκτιμήσετε τις πιθανότητες με βάση τη δική σας εμπειρία ή/και συμβουλευόμενοι εμπειρογνώμονες. Όπου είναι δυνατόν, μη διστάσετε να χρησιμοποιήσετε στοιχεία και αριθμούς. Για παράδειγμα, ένας κίνδυνος με πιθανότητα εμφάνισης 2% και χαμηλό αντίκτυπο μπορεί να μην αξίζει να επενδύσετε χρόνο και χρήμα για την αντιμετώπισή του. Αντίθετα, ένα κρίσιμο πρόβλημα με μεγάλη πιθανότητα εμφάνισης θα πρέπει να εξεταστεί προσεκτικά. Η επιλογή μπορεί να είναι πιο δύσκολη όταν αντιμετωπίζουμε ακραίες καταστάσεις, όπως μια δυνητικά μεγάλη επίπτωση αλλά χαμηλή πιθανότητα εμφάνισης ή μια υψηλή πιθανότητα ανάπτυξης αλλά χαμηλή επίπτωση.

Για να προετοιμάσετε ένα σχέδιο διαχείρισης κρίσεων, καταγράψτε τους κινδύνους σε έναν πίνακα και για κάθε κίνδυνο, φανταστείτε μία ή περισσότερες λύσεις έκτακτης ανάγκης και εκτιμήστε το κόστος τους (οικονομικό, ανθρώπινο και χρονικό). Φυσικά, εάν οι κίνδυνοι είναι πολύ υψηλοί και δεν μπορούν να μετριαστούν, ίσως χρειαστεί να επανεξετάσετε ολόκληρο το έργο σας.

Σχεδιασμός του έργου

Όταν ορίζετε το χρονοδιάγραμμά σας, φυσικά θέλετε να φτάσετε στο στόχο σας το συντομότερο δυνατό... ελαχιστοποιώντας παράλληλα τους κινδύνους. Ωστόσο, μην βιάζεστε με τη διαδικασία. Πριν καταρτίσετε το συνολικό πρόγραμμα, θα πρέπει :

- να καθορίσετε τη διάρκεια κάθε εργασίας,

- παρατηρήστε πώς αλληλεπιδρούν μεταξύ τους,

- να αποφασίσετε τη σειρά με την οποία θα εκτελεστούν.

Για να εκτιμήσετε το χρόνο μιας εργασίας, περιγράψτε την με ακρίβεια και εντοπίστε τους παράγοντες που μπορεί να την επηρεάσουν. Για παράδειγμα, αν χρειάζεστε ένα μηχάνημα για την εκτέλεση της εργασίας, αυτό μπορεί να έχει ορισμένη παραγωγική ικανότητα και να μην είναι διαθέσιμο ανά πάσα στιγμή. Επίσης, ενώ ορισμένες εργασίες μπορούν να εκτελούνται ταυτόχρονα, άλλες εξαρτώνται από την εκτέλεση ενεργειών. Πρέπει να καταλάβετε πώς αλληλεπιδρούν για να βελτιστοποιήσετε τη διάταξή τους.

Για να απεικονίσετε καλύτερα τη σειρά των δραστηριοτήτων σας και τους συνδέσμους μεταξύ τους, μπορείτε να χρησιμοποιήσετε ένα διάγραμμα δικτύου. Για παράδειγμα, ας πούμε ότι θέλετε να οργανώσετε ένα σεμινάριο για το προσωπικό της εταιρείας σας. Μόλις η ιδέα εγκριθεί από τη διοίκησή σας, πρέπει να κάνετε τις προετοιμασίες για την εκδήλωση:

- να κάνετε προκαταρκτικές επαφές για να βεβαιωθείτε ότι όλοι είναι διαθέσιμοι,

- επικοινωνήστε με τους πιθανούς ενδιαφερόμενους για να ελέγξετε αν είναι και αυτοί διαθέσιμοι,

- επιλέξτε μια ημερομηνία (με βάση τα αποτελέσματα των δύο πρώτων εργασιών) ,

- κάνετε κράτηση του δωματίου (στο παράδειγμά μας, έχετε το απαραίτητο δωμάτιο στα κτίριά σας),

- προετοιμάστε την οργάνωση της ημέρας με :

  ○ ορίζοντας το ακριβές περιεχόμενο με τον ομιλητή,

  ○ που περιγράφει λεπτομερώς το πρόγραμμα της ημέρας,

  ○ προβλέποντας πιθανά γεύματα,

  ○ παραγγελία των απαραίτητων υλικών,

- να στείλετε επίσημες προσκλήσεις στους αρμόδιους,

- να διαμορφώσετε την αίθουσα (στο παράδειγμά μας, μπορείτε να το κάνετε αυτό αρκετές ημέρες πριν από την ημέρα της εκδήλωσης, καθώς βρίσκεται εντός της εταιρείας).

Παρακάτω, το παράδειγμα παρουσιάζεται ως διάγραμμα δικτύου. Φυσικά, αν πρέπει να οργανώσετε ένα σεμινάριο για τη δική σας εταιρεία, το χρονικό πλαίσιο μπορεί να ποικίλλει ανάλογα με τους περιορισμούς (στην περίπτωσή μας, ο υπεύθυνος του έργου εκτιμά ότι χρειάζεται μια εβδομάδα για να λάβει απάντηση από όλο το προσωπικό του σχετικά με τη διαθεσιμότητά του), καθώς και τις πιθανές εργασίες και τη διάταξή τους. Εδώ, ο διαχειριστής του έργου είναι τυχερός που έχει έναν βοηθό ο οποίος θα τον βοηθήσει σε ορισμένες από τις ενέργειες που δεν μπορούν να εκτελεστούν ταυτόχρονα.

Το διάγραμμα αυτό αναδεικνύει διάφορες σημαντικές πτυχές του σχεδιασμού έργων:

- ορισμένες εργασίες εξαρτώνται από την ολοκλήρωση άλλων. Έτσι, εφόσον δεν έχετε λάβει τη διαθεσιμότητα όλων, είναι αδύνατο να κάνετε κράτηση δωματίου (στην καλύτερη περίπτωση, μπορείτε να βάλετε μια επιλογή),

- άλλες εργασίες μπορούν και πρέπει να γίνονται παράλληλα. Βασιζόμενος στον βοηθό, ο διαχειριστής του έργου μπορεί να αναθέσει τον προγραμματισμό της ημέρας και τις εντολές στον βοηθό, ενώ ο ίδιος επικεντρώνεται στο περιεχόμενο που πρέπει να αναπτύξει με τον ομιλητή,

- η κρίσιμη διαδρομή, δηλαδή η μεγαλύτερη ακολουθία δραστηριοτήτων που πρέπει να ολοκληρωθεί μεταξύ της έναρξης και του τέλους του έργου, η οποία σηματοδοτεί την ελάχιστη διάρκεια του έργου σας, είναι απαραίτητο να προσδιοριστεί. Ακολουθούν επομένως οι λεγόμενες κρίσιμες εργασίες: οποιαδήποτε καθυστέρηση σε αυτές θα έχει αναγκαστικά αντίκτυπο στις προθεσμίες. Στην περίπτωσή μας, δεν μπορούμε να πάμε κάτω από 22 ώρες (αν υπολογίσουμε μόνο τη διάρκεια των εργασιών) και κάτω από τρεις εβδομάδες (αν λάβουμε υπόψη τις υποχρεωτικές προθεσμίες: η επίσημη πρόσκληση πρέπει να αποσταλεί δύο εβδομάδες πριν από την εκδήλωση, για παράδειγμα),

- το διαθέσιμο χρονικό διάστημα για ορισμένες δραστηριότητες, το οποίο αναφέρεται στο χρονικό διάστημα κατά το οποίο μπορεί να μετατεθεί η ημερομηνία λήξης τους χωρίς να καθυστερήσει η ημερομηνία έναρξης της επόμενης εργασίας ή η ημερομηνία λήξης του έργου. Για παράδειγμα, ο επικεφαλής του προγράμματος θα χρειαστεί 12 ώρες για να εργαστεί πάνω στο περιεχόμενο του σεμιναρίου, ενώ ο βοηθός θα χρειαστεί μόνο 7 ώρες για να εργαστεί πάνω στον προγραμματισμό της ημέρας και την παραγγελία των γευμάτων. Το τελευταίο έχει επομένως περιθώριο 5 ωρών,

- Τα ορόσημα είναι γεγονότα που δεν έχουν απαραίτητα διάρκεια από μόνα τους (αν και ένα από αυτά έχει στο παράδειγμά μας). Σηματοδοτούν το τέλος σημαντικών βημάτων του έργου σας.

Για να ολοκληρώσετε τον προγραμματισμό, πρέπει να ορίσετε προθεσμίες, δηλαδή τις ημερομηνίες έναρξης και λήξης κάθε δραστηριότητας. Αυτό μπορεί να γίνει με τη χρήση ενός διαγράμματος Gantt, το οποίο παραθέτει τις δραστηριότητες, τη διάρκειά τους, τα περιθώρια και τη διάταξή τους.

Χτίζοντας μια ισχυρή ομάδα

Χάρη στο διάγραμμα ροής εργασιών που καταρτίσατε εκ των προτέρων, μπορέσατε να προσδιορίσετε τις δεξιότητες που απαιτούνται για την υλοποίηση του έργου σας. Όσον αφορά τη συγκρότηση της ομάδας, υπάρχουν δύο πιθανά σενάρια: είτε είστε ελεύθεροι να προσλάβετε όποιον θέλετε, είτε πρέπει να αρκεστείτε στα άτομα που έχετε στη διάθεσή σας.

Το πρώτο είναι ιδανικό, καθώς σας επιτρέπει να βρείτε τα κατάλληλα προφίλ και τα κατάλληλα άτομα με κίνητρα, ενώ το δεύτερο μπορεί να σας οδηγήσει να συνεργαστείτε με άτομα που δεν έχουν κανένα ενδιαφέρον για το έργο. Στην πραγματικότητα, πιθανότατα θα βρεθείτε μεταξύ αυτών των δύο καταστάσεων.

Σε κάθε περίπτωση, αφιερώστε χρόνο για να συναντήσετε και να συζητήσετε με τα μελλοντικά μέλη της ομάδας σας. Ελέγξτε τις δεξιότητες και τα κίνητρά τους για να δείτε αν ταιριάζουν με το έργο σας. Αν είστε ικανοποιημένοι, ρωτήστε τους για τη διαθεσιμότητά τους: θα εργάζονται πλήρως στο έργο σας ή θα μοιράζονται το χρόνο τους με άλλες αποστολές; Από ποια ημερομηνία και μέχρι πότε είναι διαθέσιμα;

 ## ΠΡΟΣΔΙΟΡΙΣΜΟΣ ΤΩΝ ΕΝΔΙΑΦΕ-ΡΟΜΕΝΩΝ ΜΕΡΩΝ

Είναι σημαντικό να προσδιοριστούν από την αρχή τα διά-φορα άτομα που πρέπει να διαδραματίσουν κάποιο ρόλο. Εκτός από τον σχεδιαστή και τον ανάδοχο του έργου, εντο-πίστε όλους τους ενδιαφερόμενους, θετικούς και αρνητι-κούς, εσωτερικούς και εξωτερικούς: τον πελάτη, τους πιθανούς προμηθευτές, τους συνεργάτες κ.λπ. Βεβαιωθείτε ότι σας υποστηρίζουν και ότι ενημερώνονται για την πρό-οδο του σχεδιασμού. Βεβαιωθείτε ότι υποστηρίζουν και ότι ενημερώνονται για την πρόοδο του σχεδίου.

Προϋπολογισμός του έργου σας

Προϋπολογισμός σημαίνει εκτίμηση όλων των δαπανών που συνεπάγεται κάθε δραστηριότητα και άθροισή τους. Φυσικά, θα σκεφτείτε πρώτα τα άμεσα έξοδα όπως :

- ο μισθός των εργαζομένων ,

* έξοδα (μεταφοράς, διαμονής, ενοικίου κ.λπ.),

* την αγορά υλικών (πρώτες ύλες για την κατασκευή εξαρτημάτων, τεχνολογία κ.λπ.).

Αν όμως θέλετε να εκτιμήσετε το πραγματικό κόστος του έργου σας, θα πρέπει επίσης να λάβετε υπόψη σας ορισμένα έμμεσα κόστη, όπως :

* φθορά του εξοπλισμού που χρησιμοποιείτε στην εταιρεία σας (υπολογιστές),

* κόστος θέρμανσης, ηλεκτρικού ρεύματος κ.λπ.

Ωστόσο, το κόστος αυτό δεν χρειάζεται πάντα να λαμβάνεται υπόψη, συνήθως επειδή δεν αφορά ειδικά το έργο σας: η εταιρεία σας πιθανότατα έχει ήδη στην κατοχή της τους υπολογιστές στους οποίους εργάζεστε. Επικοινωνήστε με το οικονομικό τμήμα της εταιρείας σας για να μάθετε αν οι δαπάνες αυτές πρέπει να συμπεριληφθούν στον προϋπολογισμό σας.

Η ΥΛΟΠΟΙΗΣΗ

Παρακολούθηση του σχεδίου

Εάν έχετε προετοιμάσει καλά το έργο σας, η προτεραιότητά σας τώρα είναι να διασφαλίσετε ότι όλα πάνε σύμφωνα με το σχέδιο. Για να το κάνετε αυτό, αξιολογείτε περιοδικά το έργο σας χρησιμοποιώντας :

* τακτικές συνεδριάσεις αξιολόγησης (το πολύ κάθε δεκαπενθήμερο) για τον απολογισμό,

* εκθέσεις που έχουν συνταχθεί από μέλη της ομάδας σας,

* το προσωπικό σας ημερολόγιο.

⊙ Μικρο ΣΥΝ

Επιπλέον, κάντε έναν γρήγορο έλεγχο του εαυτού σας κάθε εβδομάδα, θέτοντας στον εαυτό σας μερικές βασικές ερωτήσεις και, στη συνέχεια, προσαρμόστε ανάλογα με τις απαντήσεις σας.

- Πραγματοποιούνται οι διάφορες δραστηριότητες που έχουν προγραμματιστεί;

- Τηρείται ο προϋπολογισμός;

- Είστε στην ώρα σας, μπροστά ή πίσω από το χρονοδιάγραμμα;

- Τι γίνεται με τους κινδύνους που φοβόσασταν;

Βεβαιωθείτε ότι όλοι γνωρίζουν τα μυστικά της τρέχουσας εργασίας τους και ότι αυτή γίνεται σύμφωνα με το σχέδιο. Δώστε ιδιαίτερη προσοχή όταν πλησιάζει το (προγραμματισμένο) τέλος μιας δραστηριότητας και να είστε ιδιαίτερα προσεκτικοί με την κρίσιμη διαδρομή σας: να θυμάστε ότι οποιαδήποτε καθυστέρηση σε αυτήν καθυστερεί αναπόφευκτα ολόκληρο το έργο!

Μετά από αυτή την ανάλυση, είτε όλα πάνε σύμφωνα με το σχέδιο – οπότε συνεχίστε όπως πριν – είτε παρατηρείτε παραπατήματα ή ακόμη και ατυχήματα, οπότε πρέπει να επαναφέρετε το έργο σε σωστή τροχιά.

- Εντοπίστε το πρόβλημα: Τι σας έκανε να υπερβείτε τον προϋπολογισμό ή την προθεσμία; Τι σας ανάγκασε να εγκαταλείψετε ή να αντικαταστήσετε μια εργασία;

- Λάβετε διορθωτικά μέτρα: ο άμεσος στόχος σας είναι να αποφύγετε περαιτέρω ζημιές στο έργο σας. Ωστόσο, δεν μπορείτε πάντα να αποκαταστήσετε τη ζημιά. Εάν ο προμηθευτής σας καθυστερήσει να παραδώσει τα απαραίτητα εξαρτήματα και αυτό βρίσκεται στην κρίσιμη διαδρομή σας, δεν μπορείτε να κάνετε τίποτα γι' αυτό.

- Βεβαιωθείτε ότι δεν θα ξανασυμβεί, αναλαμβάνοντας δράση ανάλογα με τη φύση του προβλήματος. Εάν πρόκειται για μεμονωμένο πρόβλημα (αβλεψία, λάθος απροσεξίας κ.λπ.), προσπαθήστε να καταλάβετε γιατί συνέβη (τεχνικό πρόβλημα ή ανθρώπινο λάθος) και λάβετε τα απαραίτητα μέτρα (επικοινωνήστε με τον ενδιαφερόμενο, αλλάξτε τον εξοπλισμό κ.λπ.). Εάν πρόκειται για χρόνιο πρόβλημα (πρόβλημα στη διαδικασία), αφιερώστε χρόνο για να το αναλύσετε και να επινοήσετε μια βιώσιμη λύση με την ομάδα σας.

Να είστε προσεκτικοί, αν θέλετε να κάνετε μια διόρθωση ή αλλαγή στο έργο, ενημερώστε όλους τους συνεργάτες σας και, κυρίως, συμβουλευτείτε τους εκ των προτέρων, ώστε να συνεχίσουν να αισθάνονται ότι συμμετέχουν!

Διαχείριση ομάδας

Η διαχείριση της ομάδας σας είναι ζωτικής σημασίας για την επιτυχία του έργου. Η κακή κατανόηση ή ο κακός συντονισμός εντός της ομάδας μπορεί να θέσει σε κίνδυνο την ολοκλήρωση των διαφόρων εργασιών. Επομένως, βεβαιωθείτε ότι :

- καθοδηγήστε την ομάδα σας για την επιτυχή ολοκλήρωση του έργου. Όπως ο καπετάνιος ενός πλοίου, παραμένετε στην πορεία σας ενάντια σε όλες τις πιθανότητες. Σε μια καταιγίδα, το πλήρωμά σας πρέπει να μπορεί να βασίζεται σε εσάς,

- να δημιουργούν και να διατηρούν καλή ατμόσφαιρα εργασίας. Μπορείτε να ελαχιστοποιήσετε τον κίνδυνο εντάσεων εντός της ομάδας με την πρακτική της δημιουργίας ομάδας (παράλληλα με τις συναντήσεις εργασίας, οργανώστε μία ή περισσότερες μικρές δραστηριότητες για το προσωπικό σας ώστε να γνωριστούν μεταξύ τους και να συνεργαστούν) και διασφαλίζοντας ότι οι ρόλοι και οι αρμοδιότητες όλων είναι σαφώς καθορισμένοι και γνωστοί σε όλους,

> *"Εργάστηκα σε ένα μεγάλο πολιτιστικό έργο, το οποίο περιελάμβανε την υλοποίηση υπαίθριων παραγωγών. Σε αυτό το έργο, οι λειτουργίες και τα καθήκοντα του καθενός δεν ήταν επακριβώς καθορισμένα. Για παράδειγμα, ήμουν υπεύθυνος για τη γενική υλικοτεχνική υποδομή, αλλά έπρεπε τακτικά να αναζητώ ορισμένα στοιχεία της διακόσμησης (αυτός είναι συνήθως ο ρόλος του επικεφαλής διακοσμητή). Ένα βράδυ του Σαββάτου ανακαλύψαμε ότι δεν είχαμε τις βάσεις για τη σκηνή του επόμενου πρωινού. Ο σκηνογράφος και εγώ νομίζαμε ότι ο άλλος το είχε φροντίσει..." (Louis, υπεύθυνος έργου)*
> *(Louis, διευθυντής έργου)*

- Καθορίστε τους "κανόνες ζωής" για την ομάδα σας. Πώς θα λειτουργεί σε καθημερινή βάση; Πώς θα διεξάγονται οι συνεδριάσεις; Καθορίστε ένα πλαίσιο και, αν είναι δυνατόν, συμπεριλάβετε την ομάδα σας στη δημιουργία των διαδικασιών,

> *"Κατά τη διάρκεια των σπουδών μου, συμμετείχα στη διοργάνωση ενός φεστιβάλ ντοκιμαντέρ μαζί με άλλους νέους. Κάποιος μας επέβλεπε και μας πρότεινε να γράψουμε μαζί ένα καταστατικό. Συνοψίζει τις δεσμεύσεις μας και καθορίζει τον τρόπο με τον οποίο πρέπει να συμπεριφερόμαστε στις συνεδριάσεις. Η συμμετοχή μας στη σύνταξή του μας επέτρεψε να τον σεβαστούμε περισσότερο από έναν κανόνα που επιβάλλεται από τρίτους". (Pierre, υπεύθυνος εκδηλώσεων)*

• να τους εμπιστεύεστε και να τους ενθαρρύνετε να σας εμπιστεύονται,

• να διατηρήσουν τα κίνητρά τους. Είναι ένα γνωστό ρεφρέν: τις πρώτες εβδομάδες νιώθεις ότι μπορείς να σηκώσεις βουνά, αλλά μετά, αν και το πάθος παραμένει, η ρουτίνα μπαίνει και η ένταση μειώνεται.

👁 ΜΙΚΡΟ ΣΥΝ

Για να διατηρήσετε τον ενθουσιασμό της ομάδας σας ανέπαφο:

• να τονίζετε τακτικά τις θετικές πτυχές του έργου τόσο για την εταιρεία όσο και για τον όμιλο,

• να ενημερώνει τακτικά την ομάδα για την πρόοδο του έργου. Έχουμε πάντα περισσότερα κίνητρα όταν βλέπουμε τα συγκεκριμένα αποτελέσματα των πράξεών μας,

- Εμπλέξτε τους ζητώντας τη γνώμη τους σχετικά με τους κινδύνους, τις ιδέες, τις λύσεις κ.λπ,

- Επιβραβεύστε τους εργαζόμενους για την επίτευξη ενός στόχου.

Ένα βασικό εργαλείο: η επικοινωνία

Ενώ είναι προφανές ότι πρέπει πάντα να έχετε σαφή εικόνα της κατάστασης, το ίδιο πρέπει να κάνει και η ομάδα σας. Συνεπώς, είναι απαραίτητο να δημιουργηθεί ένα αποτελεσματικό σύστημα επικοινωνίας εντός της ομάδας και να διατίθεται τεκμηρίωση (εκθέσεις κ.λπ.) ώστε κάθε ενδιαφερόμενος να γνωρίζει πώς εξελίσσεται το έργο.

Ο τρόπος επικοινωνίας εξαρτάται πρωτίστως από τον σκοπό της μετάδοσης και τον παραλήπτη. Αυτές οι δύο πτυχές καθορίζουν την επιλογή του μέσου και το είδος των πληροφοριών που αποστέλλονται, καθώς και την εμπιστευτικότητά τους: αν ένας προμηθευτής πρέπει να ενημερώνεται για την παραμικρή αλλαγή που επηρεάζει την εργασία του, δεν χρειάζεται να γνωρίζει τα εσωτερικά σας προβλήματα. Επιλέξτε το μέσο επικοινωνίας σας ανάλογα με την κατάσταση:

- **οι συνεδριάσεις είναι ένας** τρόπος για να συγκεντρωθούν όλοι οι εμπλεκόμενοι και να συζητήσουν τα πράγματα μαζί γύρω από ένα τραπέζι (το οποίο μπορεί να είναι εικονικό, στην περίπτωση των τηλεδιασκέψεων). Μην αμελείτε τα γραπτά πρακτικά της συνεδρίασης, τα οποία επισημοποιούν τα όσα ειπώθηκαν ή αποφασίστηκαν,

- **Τα ηλεκτρονικά μηνύματα είναι τα** πιο διαδεδομένα μέσα ενημέρωσης σήμερα, χάρη στην άμεση μετάδοση και λήψη μηνυμάτων. Επιπλέον, αφήνουν ίχνη χαρτιού και μπορούν να διαχειριστούν αποτελεσματικά με τη βοήθεια θυρίδων ηλεκτρονικού ταχυδρομείου,

- **Οι εκθέσεις** χρησιμοποιούνται για την επιβεβαίωση πληροφοριών και την ενημέρωση σχετικά με μια συγκεκριμένη κατάσταση. Το σημαντικότερο μειονέκτημά τους είναι ότι είναι μονόπλευρες. Η επικοινωνία ρέει από τον δημοσιογράφο στον αναγνώστη, χωρίς ο τελευταίος να μπορεί να παρέμβει. Γι' αυτό είναι χρήσιμο να συνοδεύεται από προφορική εξήγηση (συνάντηση, συζήτηση κ.λπ.),

- **Οι ανεπίσημες συζητήσεις** είναι αυθόρμητες ανταλλαγές πληροφοριών (μέσω τηλεφώνου, στη μηχανή του καφέ κ.λπ.). Θα πρέπει να φροντίζετε να επιβεβαιώνετε πάντα τις σημαντικές πληροφορίες εγγράφως και επισήμως (π.χ. με ηλεκτρονικό ταχυδρομείο).

> *"Για να επιστρέψω στο έργο της δημιουργίας υπαίθριων χώρων, πολλές από τις πληροφορίες και τις αλλαγές δόθηκαν σε άτυπες συναντήσεις όπου δεν ήταν παρόντες όλοι οι ηγέτες. Επιπλέον, τα λεγόμενα δεν περιλαμβάνονταν πάντα στην ηλεκτρονική τεκμηρίωση και ο υπεύθυνος του έργου δεν διασφάλιζε ότι οι πληροφορίες είχαν ληφθεί. Ως αποτέλεσμα, μερικές φορές ένας αναπληρωτής δεν μάθαινε για σημαντικές αλλαγές παρά μόνο σε προχωρημένο στάδιο της διαδικασίας. (Συνέχεια από την κατάθεση του Louis)*

Κατά την επιλογή της επικοινωνίας σας, σταθμίστε τα πλεονεκτήματα και τα μειονεκτήματα της προφορικής και της γραπτής επικοινωνίας. Η προφορική επικοινωνία σας επιτρέπει να είστε σίγουροι ότι το μήνυμα έχει μεταφερθεί άμεσα, σε αντίθεση με τη γραπτή επικοινωνία. Ωστόσο, όπως είπε ο Κάιος Τίτος (Ρωμαίος συγγραφέας, 14-66) σε μια ομιλία του στη Σύγκλητο: "Τα λόγια πετούν, τα γραπτά μένουν. Κρατάτε λοιπόν πάντα γραπτά αρχεία των ανεπίσημων συζητήσεων και συναντήσεων.

Ο ΦΡΑΧΤΗΣ

Η παράδοση

Το έργο ολοκληρώνεται όταν το τελικό παραδοτέο παραδοθεί οριστικά στον πελάτη, σύμφωνα με τις συμφωνημένες προδιαγραφές. Βεβαιωθείτε ότι έχετε λάβει επίσημη γραπτή επιβεβαίωση αυτής της παράδοσης. Από την πλευρά σας, πρέπει να ολοκληρώσετε το διοικητικό μέρος (πρακτικά κ.λπ.) και να κλείσετε τον προϋπολογισμό. Αυτές οι δύο πτυχές θα σηματοδοτήσουν το επίσημο τέλος του έργου. Μόλις ολοκληρωθεί το έργο, συχνά μπαίνει κανείς στον πειρασμό να ανοίξει τη σαμπάνια χωρίς να ασχοληθεί με το πιο κουραστικό μέρος: τις τελικές αναλύσεις και αξιολογήσεις. Ωστόσο, θα επωφεληθείτε από αυτό για τις επόμενες προκλήσεις σας!

Η τελική αξιολόγηση

Σκοπός αυτής της φάσης είναι η κατάρτιση ενός ισολογισμού για το σύνολο του έργου. Για να το κάνετε αυτό, χρησιμοποιήστε όλα τα έγγραφά σας:

- εκείνες της προπαρασκευαστικής φάσης (σχεδιασμός, χρονοδιάγραμμα κ.λπ.), οι οποίες θα σας επιτρέψουν να συγκρίνετε το τελικό αποτέλεσμα με τις βασικές προσδοκίες,

- εκείνες της φάσης υλοποίησης (το ημερολόγιο, οι τακτικές αξιολογήσεις, οι εκθέσεις κ.λπ.), οι οποίες θα σας βοηθήσουν να κατανοήσετε γιατί το έργο πήγε καλά... ή όχι,

- ανατροφοδότηση από τον πελάτη.

Με βάση αυτά τα γραπτά στοιχεία, αναρωτηθείτε τα ακόλουθα ερωτήματα:

- Έχουν επιτευχθεί όλοι οι στόχοι;

- Τηρήθηκε το χρονοδιάγραμμα;

- Ο προϋπολογισμός παρέμεινε υπό έλεγχο;

- Πώς οδήγησα την ομάδα μου;

- Πώς αντιμετωπίστηκαν τα απρόβλεπτα και τα προβλήματα;

Πραγματοποιήστε την ανάλυσή σας και στη συνέχεια πραγματοποιήστε (τελικές) συνεδριάσεις για να τη συζητήσετε.

- Συναντηθείτε με τον πελάτη σας για να συζητήσετε την ικανοποίησή του. Ζητήστε επίσης γραπτή ανατροφοδότηση.

- Πραγματοποιήστε μια συνάντηση με την ομάδα σας για να επανεξετάσετε και να κλείσετε το έργο.

- Αναφέρετε την ανάλυσή σας στη διοίκησή σας.

Όπως σε όλη τη διάρκεια του έργου, βεβαιωθείτε ότι τα ευρήματά σας έχουν επικυρωθεί από όλα τα εμπλεκόμενα μέρη.

Δώστε χρόνο στην ομάδα σας να αναπνεύσει πριν από την αξιολόγηση – αλλά όχι περισσότερο από δύο εβδομάδες! Μετά από αυτό, μπορεί να προχωρήσουν και να ξεχάσουν πολλές χρήσιμες πληροφορίες για εσάς.

Για να κλείσουμε με μια πινελιά...

Οργανώστε μια εορταστική στιγμή για να ευχαριστήσετε την ομάδα σας και να κλείσετε την περιπέτεια με μια θετική νότα. Μην ξεχνάτε να προσκαλείτε άτομα που ήταν εκεί μόνο για λίγο. Σχεδιάστε έναν εναλλακτικό τρόπο για να πείτε ευχαριστώ αν δεν είναι δυνατή η διοργάνωση πάρτι ή αν κάποιοι δεν μπορούν να παρευρεθούν. Δεν χρειάζεται να είναι περίπλοκο: ένα e-mail μπορεί να είναι αρκετό, αλλά βάλτε την καρδιά και την ψυχή σας σε αυτό. Η ομάδα σας αξίζει λίγα λεπτά από το χρόνο σας!

ΚΟΡΥΦΑΙΕΣ ΣΥΜΒΟΥΛΕΣ

- **Να έχετε πάντα τον τελικό στόχο στα μάτια σας.** Αυτό μπορεί να φαίνεται προφανές, αλλά στη μέση ενός έργου που διαρκεί αρκετούς μήνες, περιλαμβάνει δεκάδες ανθρώπους και αμέτρητους επιμέρους στόχους, δεν είναι ασυνήθιστο να χάνεστε. Επίσης, μην ξεχνάτε ποτέ ότι ο πελάτης είναι ο βασιλιάς: αν οι χορηγοί θέλουν να κάνουν αλλαγές στο έργο, είναι καθήκον σας να τους ακούσετε!

- **Αφιερώστε χρόνο για να ξεκουραστείτε.** Αν βρεθείτε αντιμέτωποι με μια περίπλοκη κατάσταση ή ένα πολύπλοκο πρόβλημα, διατηρήστε την ψυχραιμία σας και προσπαθήστε να βρείτε την άκρη του νήματος. Για να το κάνετε αυτό, αναλύστε την κατάσταση ή το πρόβλημα και ασχοληθείτε με τα διάφορα μέρη του ένα προς ένα.

- **Δεν χρειάζεται να ανακαλύπτετε ξανά τον τροχό για κάθε έργο.** Αξιοποιήστε τις προηγούμενες εμπειρίες σας και τις εμπειρίες άλλων. Συμβουλευτείτε συναδέλφους και εμπειρογνώμονες και λάβετε υπόψη τις συμβουλές τους. Προσοχή, αυτό δεν σημαίνει ότι μπορείτε να αποφύγετε τη φάση της προετοιμασίας. Το "το έκανα μια φορά, άρα ξέρω" είναι το χειρότερο λάθος που μπορείτε να κάνετε!

- **Προβλέψτε! Το** να μένεις ένα βήμα μπροστά είναι το χαρακτηριστικό γνώρισμα των μεγάλων διαχειριστών έργων. Αν δεν μπορείτε να αποφύγετε το απροσδόκητο, μπορείτε να προβλέψετε τα προβλήματα και να προετοιμάσετε εναλλακτικές λύσεις. Εάν δεν μπορέσατε να τις προβλέψετε, αντιμετωπίστε τις δυσκολίες αμέσως μόλις εμφανιστούν και, κυρίως, εντοπίστε την αιτία, ώστε να μην επαναληφθούν.

- **Όλα έχουν να κάνουν με την επικοινωνία.** Ένα καλά προετοιμασμένο έργο μπορεί να καταρρεύσει εάν μια αλλαγή δεν έχει κοινοποιηθεί στο σωστό άτομο. Να θυμάστε αυτόν τον χρυσό κανόνα: κάθε αλλαγή πρέπει να γίνεται σε συνεννόηση με τους εμπλεκόμενους. Για σημαντικές αλλαγές, απαιτείται φυσικά η έγκριση του πελάτη.

- **Να έχετε ανά πάσα στιγμή επίγνωση της προόδου του έργου σας,** των δραστηριοτήτων που έχουν ήδη πραγματοποιηθεί, των εργασιών που απομένουν και της κατάστασης του προϋπολογισμού. Για να το κάνετε αυτό, κάντε έναν απολογισμό κάθε εβδομάδα και σημειώστε τα προβληματικά σημεία: το πρώτο σας καθήκον την επόμενη εβδομάδα θα είναι να τα επιλύσετε!

- **Κατακτήστε τα εργαλεία του διαχειριστή έργων.** Σε επαγγελματικά έργα σε εταιρείες, θα χρησιμοποιήσετε αναπόφευκτα λογισμικό διαχείρισης έργων, όπως το Microsoft Project. Μάθετε να το χειρίζεστε στα χέρια σας, καθώς θα σας εξοικονομήσει πολύτιμο χρόνο. Ακόμα και για ένα μικρό έργο, μη διστάσετε να τολμήσετε.

👁 ΜΙΚΡΟ ΣΥΝ

Υπάρχουν πολλοί διαφορετικοί τύποι λογισμικού διαχείρισης έργων. Η επιλογή σας θα πρέπει να καθοδηγείται από τη λειτουργικότητα που χρειάζεστε, το μέγεθος της επιχείρησής σας, το πόσο συχνά το χρησιμοποιείτε και τον προϋπολογισμό σας. Όπως συμβαίνει με κάθε είδος λογισμικού, υπάρχουν ιδιόκτητες άδειες χρήσης και δωρεάν προϊόντα. Όταν επιλέγετε το λογισμικό σας, λάβετε επίσης υπόψη σας τους μελλοντικούς χρήστες (τους υπαλλήλους σας): δεν έχει νόημα να επιλέξετε μια πολεμική μηχανή αν δεν ξέρουν πώς να τη χρησιμοποιήσουν!

- Το AtTask (ιδιόκτητη άδεια χρήσης) είναι ένα από τα πιο ολοκληρωμένα πακέτα λογισμικού. Προορίζεται γενικά για μεγάλες εταιρείες.

- Το Basecamp (ιδιόκτητη άδεια χρήσης) είναι ένα απλό και πολύ δημοφιλές λογισμικό. Ειδικότερα, είναι δυνατή η διεξαγωγή διαλόγου με τους διάφορους εμπλεκόμενους στο έργο.

- Το Collabtive (ανοικτού κώδικα) είναι μια δωρεάν εναλλακτική λύση του Basecamp. Απευθύνεται σε ΜΜΕ.

- Το Ganttproject (ανοικτού κώδικα) είναι ένα βασικό πρόγραμμα που σας επιτρέπει να διαχειρίζεστε τα έργα σας με βάση ένα διάγραμμα Gantt. Είναι εύκολο στη χρήση, αλλά αρκετά περιορισμένο.

- Το Trello είναι ένα πρόσφατο λογισμικό που έχει αρχίσει να λαμβάνει μεγάλη προσοχή. Τα έργα είναι οργανωμένα σε πίνακες με κάρτες, κάθε μία από τις οποίες αντιπροσωπεύει μια εργασία. Διατίθεται σε δωρεάν και επί πληρωμή εκδόσεις.

- Το Wrike είναι ένα πολύ ισχυρό λογισμικό που έχει γίνει ένας από τους ηγέτες της αγοράς. Προσφέρει στους χρήστες τη δυνατότητα να διαχειρίζονται και να παρακολουθούν έργα, προθεσμίες και χρονοδιαγράμματα, μεταξύ άλλων. Διατίθεται τόσο σε δωρεάν όσο και σε επί πληρωμή εκδόσεις.

- **Οργανώστε μια "μεταβατική συνάντηση"** για να περάσετε από τη φάση της προετοιμασίας στη φάση της υλοποίησης. Θα ανακεφαλαιώσετε ολόκληρη τη διαδικασία του έργου και θα βεβαιωθείτε ότι είναι σαφής σε όλους.

- **Αντιπρόσωπος.** Ο διαχειριστής του έργου έχει το ρόλο του αγωγού. Εμπιστευτείτε το προσωπικό σας και εμπλέξτε το όσο το δυνατόν περισσότερο στο έργο, γεγονός που θα αυξήσει τα κίνητρα και την αποδοτικότητά του. Επιπλέον, δεν μπορείτε να είστε παρόντες σε όλα τα μέτωπα, με κίνδυνο να κάνετε λάθη.

ΣΥΧΝΕΣ ΕΡΩΤΗΣΕΙΣ

Ο ΔΙΑΧΕΙΡΙΣΤΗΣ ΤΟΥ ΕΡΓΟΥ ΕΞΑΚΟΛΟΥΘΕΙ ΝΑ ΕΧΕΙ ΤΙΣ ΙΔΙΕΣ ΑΡΜΟΔΙΟΤΗΤΕΣ;

Όχι, ο ρόλος του διαχειριστή έργου μπορεί να διαφέρει από περίπτωση σε περίπτωση και από εταιρεία σε εταιρεία. Προτού ξεκινήσετε ένα έργο, είναι σκόπιμο να καθορίσετε επακριβώς την εντολή εργασίας σας και να την καταγράψετε εγγράφως, ώστε να αποφύγετε κάθε ασάφεια. Δώστε ιδιαίτερη προσοχή στις ευθύνες σας όσον αφορά :

- τους στόχους που πρέπει να επιτευχθούν ,

- προϋπολογισμός ,

- διαχείριση σχεδιασμού ,

- τις ελευθερίες που θα έχετε στην πρόσληψη της ομάδας σας (εσωτερική-εξωτερική της εταιρείας ή μικτή),

- τα όρια της εξουσίας σας, δηλαδή από ποιον θα εξαρτηθείτε.

ΠΟΣΟ ΧΡΟΝΟ ΠΡΕΠΕΙ ΝΑ ΑΦΙΕΡΩΣΩ ΣΤΙΣ ΦΑΣΕΙΣ ΠΡΟΕΤΟΙΜΑΣΙΑΣ, ΥΛΟΠΟΙΗΣΗΣ ΚΑΙ ΚΛΕΙΣΙΜΑΤΟΣ;

Αφήστε τα 2/3 για τη φάση της υλοποίησης και το 1/3 για τη φάση της προετοιμασίας και του κλεισίματος. Το ένα τρίτο μπορεί να σας φαίνεται πολύ, αλλά να θυμάστε ότι οι ημέρες που ξοδεύετε σε αυτές τις δύο φάσεις, ειδικά στο προκαταρκτικό μέρος, είναι μακροπρόθεσμες επενδύσεις!

ΤΙ ΓΙΝΕΤΑΙ ΑΝ ΟΙ ΟΙΚΟΝΟΜΙΚΕΣ ΑΠΑΙΤΗΣΕΙΣ Η ΟΙ ΠΡΟΘΕΣΜΙΕΣ ΕΙΝΑΙ ΠΟΛΥ ΠΕΡΙΟΡΙΣΤΙΚΕΣ;

Κάθε έργο μπορεί να συνοψιστεί ως ένα τρίγωνο, τα τρία άκρα του οποίου είναι το κόστος, ο χρόνος και η ποιότητα. Στον παράδεισο των διαχειριστών έργων, θα έχετε ελεύθερα τα χέρια σας όσον αφορά τον προϋπολογισμό και την προθεσμία, προκειμένου να επιτύχετε την καλύτερη δυνατή ποιότητα.

Στην πραγματικότητα, θα αντιμετωπίσετε περιορισμούς και θα πρέπει να προτιμήσετε ένα ή δύο σημεία του τριγώνου. Ας πούμε ότι σας δίνεται ένας προϋπολογισμός που είναι πολύ σφιχτός. Αφού εξετάσετε όλες τις πιθανές λύσεις, μπορεί να μην έχετε άλλη επιλογή από το να μειώσετε το μέγεθος της ομάδας σας (γεγονός που θα αυξήσει το χρόνο παράδοσης). Εάν δεν μπορείτε να τηρήσετε μια συγκεκριμένη προθεσμία, θα πρέπει να μειώσετε τους στόχους σας. Αν βρεθείτε σε αυτή την κατάσταση, ενημερώστε τους ανωτέρους σας για την κατάσταση, υποστηρίξτε τη λύση που θεωρείτε σωστή και αποδεχτείτε την τελική απόφαση. Εάν θεωρείτε ότι το έργο δεν έχει νόημα, μπορείτε επίσης να αρνηθείτε την εργασία-μια εξίσου δύσκολη επιλογή.

ΕΙΝΑΙ ΔΥΝΑΤΗ Η ΤΑΥΤΟΧΡΟΝΗ ΔΙΑΧΕΙΡΙΣΗ ΠΟΛΛΩΝ ΕΡΓΩΝ;

Θεωρητικά, είναι προτιμότερο να εργάζεστε σε ένα έργο κάθε φορά, αλλά στην πράξη αυτό είναι συχνά διαφορετικό.

Πρώτον, δεν έχετε κατ' ανάγκη επιλογή: μπορεί να πρέπει να διαχειριστείτε πολλά έργα για δημοσιονομικούς, οργανωτικούς ή άλλους λόγους. Δεύτερον, ορισμένα έργα είναι μακροπρόθεσμα και μπορεί να έχουν πιο ήσυχες φάσεις, κατά τις οποίες έχετε ελεύθερο χρόνο. Σε κάθε περίπτωση, το πιο σημαντικό πράγμα αν διαχειρίζεστε πολλά έργα είναι να καθορίσετε τις προτεραιότητες μεταξύ τους και στο εσωτερικό τους.

ΤΙ ΓΙΝΕΤΑΙ ΑΝ ΑΝΤΙΚΑΤΑΣΤΗΣΩ ΕΝΑΝ ΔΙΑΧΕΙΡΙΣΤΗ ΕΡΓΟΥ ΣΕ ΣΥΝΤΟΜΟ ΧΡΟΝΙΚΟ ΔΙΑΣΤΗΜΑ;

Μπορεί να συμβεί να σας χρειαστούν επειγόντως ως αντικαταστάτη. Συνήθως υπάρχει ένα σχέδιο έκτακτης ανάγκης για την αντιμετώπιση αυτού του προβλήματος: ο διάδοχος είναι συνήθως είτε βοηθός του πρώην διαχειριστή έργου είτε ένας "μεγάλος", κάποιος με εμπειρία στη διαχείριση άλλων μεγάλων έργων.

Εάν δεν είχατε καμία σχέση με το έργο, θα πρέπει φυσικά να συμβουλευτείτε όλα τα διαθέσιμα έγγραφα, ξεκινώντας από εκείνα της φάσης προετοιμασίας. Στη συνέχεια, θα πρέπει να οργανώσετε μια μεγάλη συνάντηση με όλους τους αναπληρωτές επικεφαλής (ή ακόμη και με όλα τα μέλη της ομάδας) για να συστηθείτε, να καθορίσετε τυχόν νέες διαδικασίες και, κυρίως, να ακούσετε την έκθεση κάθε τμήματος.

ΠΩΣ ΝΑ ΑΝΑΘΕΣΕΤΕ ΕΡΓΑΣΙΑ;

Το να είσαι καλός διαχειριστής έργων σημαίνει ότι μπορείς να αναθέτεις ορισμένα καθήκοντα στους συναδέλφους σου, ώστε να μπορείς να επικεντρωθείς στα ουσιώδη. Για να ανα-θέσετε σωστά, καθορίστε σαφώς τις εξουσίες που αναθέτετε (τους εξουσιοδοτείτε να εγκρίνουν παραγγελίες; Αν ναι, μέχρι ποιον προϋπολογισμό;) και να είστε σαφείς στον καθορισμό της αποστολής και των προθεσμιών που πρέπει να τηρηθούν. Τέλος, καταστήστε το άτομο στο οποίο αναθέτετε την ευθύνη: εξηγήστε του ότι το εμπιστεύεστε, αλλά ότι περιμένετε από αυτό σε αντάλλαγμα πλήρη δέσμευση. Επικοινωνήστε τακτικά μαζί τους για να βεβαιωθείτε ότι όλα πάνε καλά.

ΓΙΑ ΝΑ ΠΡΟΧΩΡΗΣΕΤΕ ΠΕΡΑΙΤΕΡΩ

ΒΙΒΛΙΟΓΡΑΦΙΚΕΣ ΠΗΓΕΣ

BRUCE (Andy) και LANGDON (Ken), *Ανάπτυξη έργου. 101 συμβουλές και συμβουλές*, Παρίσι, Éditions Mango, 2001.

DAVIDSON (Jeff), *Έχετε να διαχειριστείτε ένα έργο;* Παρίσι, Village Mondial, 2001.

MULLER (Jean-Louis G.), *Management de projet*, Παρίσι, AFNOR, 2005.

PORTNY (Stanley E.) and SAGE (Sandrine), *La gestion de projet pour les nuls*, Paris, Éditions First, 2011.

VALLET (Gilles), *Réussir son management de projet*, Paris, Dunod, 2012.

ΠΡΟΣΘΕΤΕΣ ΠΗΓΕΣ

BONNIN (Patrick) και BOUZDINE-CHAMEEVA (Tatiana), *Gérer un projet efficacement. Les 7 étapes-clés sans difficultés!* Παρίσι, AFNOR, 2012.

BUTTRIC (Robert) και CHANSON (Guillaume), *Διαχείριση έργων. Le guide exhaustif du management de projets*, 5e edition, Paris, Pearson, 2015.

CAMBIE (Françoise), IMPE (Marc), Luna (Éric) και MARLIER (Étienne), *Construire... et gérer son projet*, Βρυξέλλες, STICS, 2007.

CAYATTE (Ramez), *Bâtir une équipe performante et motivée*, Paris, Eyrolles-Éditions d'Organisation, 2007.

Drecq (Vincent), *Pratiques de management de projet. 40 εργαλεία και τεχνικές για τη λήψη της σωστής απόφασης*, Παρίσι, Dunod, 2014.

GAREL (Gilles), *Le management de projet*, Παρίσι, La Découverte, 2011.

GRAY (Clifford F.) and LARSON (Erik W.), *Management de projet*, Paris, Dunod, 2014.

Οδηγός του Σώματος Γνώσεων για τη Διαχείριση Έργων, (PMBOK Guide), 5e έκδοση, Project Management Institute, Newton, USA, 2013.

Hochet (Xavier), *Transformer l'entreprise. De la décision à l'action*, Παρίσι, Odile Jacob, 2008.

MESNARDS (Paul-Hubert des), *Réussir l'analyse des besoins*, Paris, Eyrolles-Éditions d'Organisation, 2007.

Néré (Jean-Jacques), *Comment manager un projet ?* Παρίσι, Éditions Démos, 2012.

NOCE (Tony) με τη συνεργασία των PARADOWSKI (Patrick) και MACCIO (Charles), *Animer, financer et communiquer votre projet*, Lyon, Chronique sociale, 2004.

NOCE (Tony) και PARADOWSKI (Patrick), *Élaborer un projet. Στρατηγικός οδηγός*, Λυών, Chronique sociale, 2005.

ROY (Etienne) and VERNEREY (Guy), *La conduite de projets complexes*, Paris, Éditions Maxima, 2010.

SEVIN (Xavier), *De la gestion de portefeuille de projets à la gestion de projets. Du décisionnel à l'opérationnel*, Nantes, Éditions ENI, 2015.

SOTIAUX (Yves), *Management d'équipe projet. Le chef de projet, un manager*, Le Mans, Gereso Éditions, 2008.

Κύριο ISBN: 9782808664240
ISBN: 9782808671668
Νόμιμη κατάθεση: D/2023/12603/488

Ψηφιακός σχεδιασμός: Primento,
ο ψηφιακός συνεργάτης των εκδοτών.